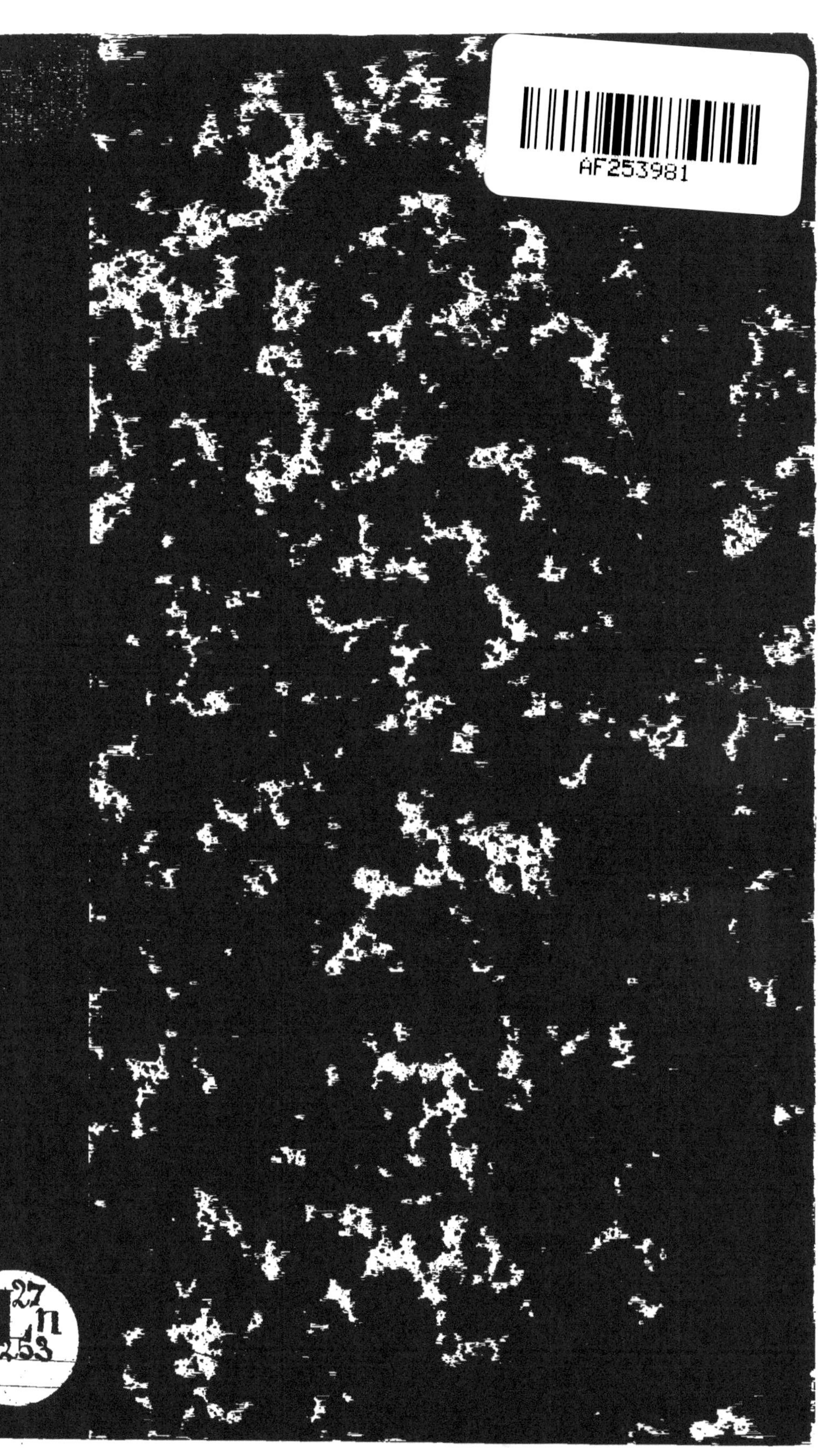
AF253981

BARREAU DE CAEN

CONFÉRENCE DES AVOCATS STAGIAIRES

PROCÈS-VERBAL

DE LA

SÉANCE DE RENTRÉE

PRÉSIDÉE

PAR M. BAYEUX

Bâtonnier de l'Ordre

23 DÉCEMBRE 1867

ALLOCUTION DE M. LE BATONNIER

ÉLOGE DE M. GEORGES DELISLE

Par M. Louis V. GUILLOUARD

Avocat à la Cour impériale

CAEN

TYPOGRAPHIE GOUSSIAUME DE LAPORTE

RUE AU CANU, 5

1868

PROCÈS-VERBAL

DE

LA SÉANCE DE RENTRÉE

PRÉSIDÉE

Par M. BAYEUX

Bâtonnier de l'Ordre.

La Conférence des Avocats stagiaires du Barreau de Caen s'est réunie pour la première fois de l'année judiciaire 1867-1868 dans la salle des audiences de la seconde Chambre de la Cour impériale. La séance était présidée par M. Bayeux, bâtonnier, assisté de MM. les Avocats membres du Conseil de discipline.

M. le Bâtonnier, après avoir déclaré la séance ouverte, a prononcé l'allocution suivante :

Vous ne devrez pas être surpris que, cette fois encore, mes premières paroles dans cette réunion, que je me plais à qualifier de réunion de famille, mes premières paroles, dis-je, soient des témoignages de gratitude envers tous mes honorés Confrères qui, par une double élection, me permettent d'accomplir ma cinquantième année de Barreau, dans ce que, avec un légitime orgueil, je puis appeler les honneurs du bâtonnat. C'est pour moi le beau couronnement de ma bien longue et laborieuse carrière d'avocat.

On nous a tant et tant de fois rappelé les prérogatives et les devoirs de notre profession, que je sens que je ne pourrais rien dire de neuf après le chancelier Daguesseau, et, plus récemment, après l'éloquent discours de M. l'avocat-général Félix, à l'audience solennelle de rentrée de la Cour impériale le 4 novembre dernier. — Permettez-moi donc, mes jeunes Confrères, de vous entretenir, mais très-brièvement, d'un sujet tout spécial à l'exercice de la plaidoirie : je veux parler des avantages de l'improvisation.

Il y a, a-t-on dit, trois sortes d'orateurs : ceux de la chaire, ceux de la tribune, ceux du barreau. Pour moi, chez les uns comme chez les autres, les mêmes qualités sont indispensables. — Aussi ce n'est pas cette première

classification que je veux envisager; il y en a une autre.
Ne reconnaissez-vous pas, en effet, les mêmes conditions de
talent et d'autorité dans ces sommités de l'éloquence per-
sonnifiées de nos jours à la chaire dans les révérends
Hyacinthe et Félix; à la tribune dans les Baroche, les
Rouher, les Jules Favre, les Thiers; au barreau dans les
Berryer, les Chaix-d'Est-Ange, et tant d'autres dont nous de-
vons être fiers.

La classification dont je veux parler est celle des orateurs
qui *improvisent*, de ceux qui *récitent*, de ceux qui *lisent*
leurs discours, classification dont je n'ai pas le mérite de
l'invention.

Or, l'autorité chez chacun de ces orateurs est loin d'être
la même sur les auditeurs.

L'*improvisateur* s'empare de son auditoire, le domine;
s'identifie avec lui, parce qu'il veut le convaincre et le
rendre en quelque sorte solidaire de ses pensées, du but
qu'il veut atteindre.

Le *récitateur*, si je puis m'exprimer ainsi, est toujours
aux prises avec sa mémoire; le moindre dérangement dans
les phrases, dans les mots même, le désarçonne, le
trouble au point qu'il ne peut retrouver ses idées; il ne
subjugue jamais. Il tente quelquefois de jouer à l'improvisation, mais il ne peut y réussir, parce que chez lui rien
n'est instantané.

Quant au *liseur*, il est toujours froid et compassé; sa
harangue, harmonieusement agencée, si vous voulez, ne
vous impressionnera jamais: il n'y a chez lui rien d'acci-
dentel, tout est prévu, calculé et stéréotypé.

Ces quelques mots donnent la mesure de l'autorité de
chacun de ces orateurs sur leur auditoire.

Sans doute, le langage, le style de l'improvisateur sera
moins châtié, moins correct : il ne songera pas, passez-moi

l'expression, à aligner exactement ses phrases; il ne vise pas à être lu : il veut être écouté. La vie est dans sa parole, et il la communique à ce qui l'entoure. Il se met alors à un diapason commun, et on devine presque ce qu'il va dire avant qu'il l'ait exprimé.

On a dit que l'improvisateur ne sait ni ce qu'il va dire, ni comment il va le dire. Cela n'est pas parfaitement exact. C'est la forme du discours qui, jusqu'au dernier moment, est inconnue pour l'improvisateur; mais le fond, il le possède, il en est pénétré, et alors il compte sur l'inspiration pour rendre ce qu'il veut faire accepter.

Aussi, mes jeunes et aimés Confrères, ne croyez pas qu'en recommandant autant que possible, chez l'orateur l'improvisation, et en insistant sur ses avantages, j'entende exclure le travail préparatoire et sérieux du sujet qui doit être traité! — Bien loin de là : je vous dirai, au contraire, préparez, préparez beaucoup et longtemps ; faites votre ample provision de matériaux, classez-les dans votre esprit pour les retrouver et édifier ensuite votre discours, votre plaidoirie ; mais, pour Dieu, n'apprenez pas, ne soyez pas discoureurs par écrit ou par mémoire, car autrement vous ne vous rendrez jamais les maîtres *de ceux* qui vous écouteront.

On reste froid et trop souvent inattentif en entendant ces grandes harangues, compendieusement élaborées dans le silence du cabinet, et répétées parfois ou débitées avec une ennuyeuse monotonie.

Ce sera surtout dans les affaires criminelles que vous aurez besoin de ce que je me hasarderai d'appeler l'argent comptant de l'éloquence. — Dans les affaires civiles ordinaires tout doit être prévu, au moins en droit, et les surprises en fait sont très-peu fréquentes ; la réplique est là, d'ailleurs, pour rétablir le combat.

Mais au criminel tout peut changer d'un instant à l'autre; la physionomie du débat oral, avec ses péripéties et presque ses changements à vue, opère une mutation complète de ce qui paraissait résulter de l'instruction écrite, soit au point de vue de l'accusation, soit au point de vue de la défense. C'est un terrain mouvant sur lequel on n'est pas toujours assuré de marcher heureusement. Là est le besoin et le triomphe de l'improvisation.

Quand le don de l'improvisation est accompagné de la rectitude du jugement, suivant moi, l'orateur est complet. Je partage en tout l'opinion de notre éloquent confrère, Me Allou, qui, le 7 décembre, dans son discours d'inauguration de la conférence des avocats stagiaires du barreau de Paris, a dit qu'il n'admettait pas le sentiment de Pasquier, qui voulait que l'avocat fût médiocrement éloquent. Nous ne pouvons être les sectateurs d'une école pour laquelle la pure et agréable diction serait un indice de faiblesse, de non-savoir. — Sans doute, les longs et pompeux discours ne sont pas un mérite, et la concision est une des premières conditions de la plaidoirie, quand elle ne nuit pas à la clarté ; mais la beauté, l'harmonie du style n'est pas exclusive de la sûreté de la dialectique, de la force de l'argumentation. Les séductions du langage préparent et facilitent la conviction.

L'improvisation a une allure alerte et vive, si je puis parler ainsi, qui n'appartient qu'à elle. C'est pour cela que, sans broncher, elle surmonte aisément des obstacles, qui eussent arrêté un orateur qui les aurait prévus et pesés, et dont la crainte de les rencontrer aurait paralysé la marche.

Il faut bien d'ailleurs le reconnaître ; aujourd'hui, la langue du barreau n'est plus celle d'une barbare scolastique, autant bizarre que prétentieuse. — Nos écrivains modernes ont bien prouvé que l'on pouvait, dans un style correct et harmonieux, exposer et développer les principes du droit.

Je ne veux pas, mes chers Confrères, prolonger cette allocution ; ce serait retarder le plaisir qui vous est réservé d'entendre le jeune et brillant orateur que ses collègues ont, presque unanimement, choisi pour inaugurer cette séance de rentrée.

Le sujet qu'il doit traiter vous intéressera à tous égards : c'est la biographie de notre cher et regretté confrère, Mᵉ G. Delisle, qui a laissé dans tous les cœurs de si profonds, de si doux souvenirs. — Homme de bien par excellence, en même temps que homme d'un savoir immense, il a été notre maître à tous. — C'est un hommage tardif peut-être rendu à sa mémoire, et je suis heureux d'avoir eu la pensée de rappeler combien il fut bon pour la génération qu'il a instruite de ses leçons et à laquelle il a laissé de si beaux exemples à suivre.

Après cette allocution, accueillie par les plus vifs applaudissements, M. le Bâtonnier a donné la parole à M. Guillouard, qui a prononcé le discours suivant :

Monsieur le Bâtonnier,

Messieurs,

Mes chers Confrères,

Un usage antique et respecté veut que, dans certaines solennités, une voix s'élève et fasse entendre, à ceux qui vont débuter dans les carrières libérales, la vie d'un de ces hommes dont le nom se répète de génération en génération comme le type de l'honneur professionnel ; fertiles enseignements, qui jettent dans les âmes de puissantes racines, et y développent de nobles et généreuses résolutions.

Utile dans toutes les carrières, cette étude de la vie des maîtres l'est surtout dans le barreau, où les luttes sont si périlleuses, les obstacles si nombreux, et la voie de la science, de l'honneur et de la vertu si rude et si étroite. C'est que les qualités nécessaires à l'avocat sont nombreuses : un travail patient, que rien ne décourage, que rien ne rebute, car c'est à la dernière heure peut-être que la lumière se fera ; une droiture parfaite, qui sache rejeter loin d'elle toute cause qui ne lui semblerait pas profondément honnête ; parfois un courage éminent, qui puisse braver, dans l'intérêt de la vérité, les orages des passions politiques ou les inimitiés des hommes puissants ; partout et toujours, un noble désintéressement, qui, entre la cause du riche et celle du pauvre, donne la préférence à celle-ci; en un mot, un sentiment exquis d'honneur et de vertu qui éclaire de sa pure lumière toute la vie de l'avocat.

Mais, si les difficultés sont grandes, elles ont été glorieusement surmontées, et il n'y a peut-être pas de carrière où abondent de plus nobles vies, de plus beaux modèles, dans le barreau ancien comme dans le barreau moderne, dans tous les temps comme dans tous les lieux. J'en appelle en particulier à votre témoignage, mes chers confrères, et je vous demande si pour nous, qui débutons au barreau de l'Athènes normande, il nous faut remonter les âges ou parcourir les espaces pour trouver ces modèles? Non, certes, et je ne crains pas qu'on me contredise en affirmant que nous avons sous les yeux, chez nos maîtres, chez ceux dont la parole ou les conseils élèvent chaque jour si haut la réputation de notre barreau, ces hommes d'élite dont nous devons, chacun dans notre sphère, essayer d'imiter les glorieux exemples. Ce n'est là, du reste, qu'une antique tradition du barreau Caennais, et, dans tous les temps comme aujourd'hui, il a offert, à sa tête, de ces nobles figures, mises en relief à la fois et par leurs talents et par leurs vertus.

Ces souvenirs et ce spectacle, ce passé et ce présent m'ont inspiré le désir de vous parler d'une de ces gloires de notre cité, d'un de ces ancêtres illustres de notre barreau : enfants adoptifs du barreau de Caen, notre premier hommage ne doit-il pas être pour nos aïeux? Et, si nous rencontrons parmi eux un homme de mœurs antiques, dont la vie austère n'a été que travail et vertu, et qui, en échange de ses labeurs et de ses bienfaits, n'a pas cherché la réputation et n'a pas mendié la gloire, n'est-ce pas un devoir impérieux pour nous de rendre hommage à son souvenir?

C'est à ce titre, Messieurs, que j'ai dessein de vous entretenir de la vie de M. Georges Delisle : ce tableau vous frappera d'autant plus qu'à l'avance vous en connaissez les teintes. En effet, M. Georges Delisle vit encore dans les souvenirs de nos maîtres et dans leurs entretiens; bien plus, il revit pour ainsi dire sous nos yeux dans la personne d'un de ses descendants, notre maître aussi, et qui, digne imitateur de son oncle, continue glorieusement les mêmes traditions de science, d'honneur et de vertu, héréditaires dans la famille. (*Applaudissements.*)

Un seul motif m'arrêtait : il y a douze ans, un avocat stagiaire, présentant à votre conférence l'éloge de M. Delisle, appliquait à son sujet, non sans raison, ces mots de La Bruyère : « Tout est dit, et je suis venu trop tard. » — Ne devais-je pas, moi aussi, me faire cette objection, et avec plus de raison encore, puisque je viens après M. de Panthou?

Oui, il est vrai, tout est dit sur M. Delisle.

Le récit de ses travaux et de ses succès d'avocat, le tableau de sa vie privée et de ses vertus ont été présentés par un homme que son propre talent et ses vertus rendaient digne entre tous de parler de M. Delisle, par M. Thomine, qui, enlevé tout récemment à l'estime et à l'affection de ses concitoyens, viendra bientôt, je l'espère, prendre place dans la galerie des ancêtres dont votre conférence doit entendre la vie noble et dévouée.

L'appréciation de sa carrière de professeur, de son enseignement et de ses travaux a été faite par le professeur qui devait lui succéder dans les éminentes fonctions de doyen, et qui, admiré aujourd'hui dans tout le monde juridique, qui l'envie à notre barreau comme un des plus célèbres jurisconsultes modernes, est en même temps, pour les élèves de la Faculté de Caen, ce qu'était, nous dit-on, M. Delisle : un homme dont la paternelle affection et le constant appui, après avoir accueilli et encouragé les étudiants à l'école, les suivent dans toute leur carrière. (*Applaudissements.*)

Ainsi tout est dit sur M. Delisle : mais cette idée, loin de me décourager, m'engage à vous parler de lui ; n'aimeriez-vous pas mieux, en effet, Messieurs, qu'on vous présentât une copie, même imparfaite, du tableau d'un grand maître qu'une esquisse originale, mais tracée par un pinceau inhabile à donner la couleur et la vie ? Oui, sans doute, car la copie reflétera toujours en quelque point l'œuvre du maître : et, puisque la vie de M. Delisle a été peinte par la main des maîtres, l'esquisse que je vais essayer de vous présenter, si imparfaite qu'elle soit, aura toujours des teintes plus nettes et plus harmonieuses. Et puis, dans ce sujet, les faits parlent d'eux-mêmes ; il faut les raconter, non les peindre ; qu'importe dès lors le narrateur ? Enfin, il y a quatorze ans déjà que M. Delisle n'est plus, et les jeunes générations du barreau, tout en sachant son nom et sa renommée, ne connaissent de cette vie que les grands traits et les lignes saillantes : tout le reste est voilé dans la demi-obscurité que le temps répand si vite sur toute mémoire d'homme. Cependant cette vie est si belle que plus on la voit de près et en détail, plus elle mérite nos admirations et nos hommages, et ce motif m'a encore déterminé à vous en parler.

M. Georges-Constant Lebourguignon-Duperré-DELISLE, naquit à Caen, le 19 mars 1781.

Son père, M. Duperré-Delisle, venait de jouer dans la province un rôle qui avait attiré sur son nom une immense popularité, et plus tard devait y faire rejaillir les faveurs royales. Avocat du roi dès 1766, M. Duperré-Delisle avait vu naître avec regret le triste conflit que les réformes du chancelier Maupeou devaient faire éclater entre la royauté et les parlements; mais, incapable de mettre un instant en parallèle la perte de sa position et l'accomplissement de ce qu'il regardait comme un devoir, il n'hésita pas à remettre au roi sa démission, et les autres officiers du Présidial s'associèrent à cet acte d'abnégation, qui protestait énergiquement contre la suppression des Parlements. — « Ils espéraient, disaient-ils, par ce sacrifice, et aux dépens de leur liberté, de leurs biens, de leur vie même, obtenir le retour de magistrats fidèles, et le rétablissement de la chose publique. »

On a raillé les termes de cette démission : dans l'humble position des magistrats du Présidial, a-t-on dit, c'est un orgueil très-mal placé de croire que leur démission va peser pour quelque chose dans la balance des projets royaux ; et puis, offrir sa liberté, ses biens et sa vie quand on est sûr de ne rien risquer, n'est-ce pas une forfanterie indigne d'hommes sérieux ?

Pour moi, Messieurs, il me semble que, quelque parti que l'on prenne sur la réforme tentée par le chancelier, cette raillerie est déplacée : sans doute la position d'un Présidial est relativement humble, mais n'oublions pas que c'est un corps de magistrature, et il n'y a pas d'humble magistrature dès qu'on en remplit honorablement les devoirs. Et, lorsque des magistrats, quels qu'ils soient, consentent à perdre leur position plutôt que d'accepter la réforme que le pouvoir veut introduire, il y a là quelque chose qui doit faire sérieusement réfléchir même la royauté. Enfin rappelons-nous que, du moins pour M. Duperré-Delisle, l'offre de sacrifier sa liberté fut bien près de se réaliser : mandé à Paris par ordre du chancelier, il ne dut qu'à de puissantes intercessions de ne pas aller à la Bastille.

Du reste l'opinion publique fit promptement justice de ces railleries, et bientôt une marque éclatante de l'estime qu'avait acquise à M. Delisle ce rôle noble et désintéressé lui fut donnée. Sur la demande de tous les ordres du bailliage, Louis XVI lui conférait, en 1776, la plus haute récompense que l'on pût imaginer alors, des lettres de noblesse, et sur l'écusson figuraient ces deux mots, preuve de la grande et légitime influence qui lui avait valu cette distinction : « *animi voto.* » Le roi y ajoutait une pension de 2,000 fr. sur sa cassette.

Devenu peu de temps après lieutenant général au bailliage de Caen, M. Duperré-Delisle apporta dans ces difficiles fonctions un tact et un talent qui devaient augmenter l'estime et l'affection qu'il avait su déjà inspirer à ses concitoyens.

Tel était l'homme éminent auquel M. Georges Delisle devait le jour, et il semblait qu'avec un pareil guide sa vie fût toute tracée à l'avance ; s'inspirer, dans des entretiens journaliers, des traditions de science et de vertu paternelles ; apprendre du lieutenant général au bailliage combien noble et imposante est la profession du magistrat, mais combien de qualités sont nécessaires pour la remplir et recevoir de lui l'exemple en même temps que le précepte ; puis, formé à l'école d'un tel père, entrer à sa suite dans la magistrature et essayer d'y donner les mêmes exemples de dévouement et de sacrifice à l'austérité du devoir.

Tel était le vraisemblable, et tels étaient sans nul doute les rêves d'avenir que M. Duperré-Delisle faisait pour son fils enfant ; mais les événements allaient venir renverser ses espérances et les faire tomber avec tant d'autres dans le gouffre où allait s'engloutir la monarchie. L'orage révolutionnaire commençait à gronder, et bientôt ses coups allaient détruire la France ancienne pour en faire jaillir le monde moderne.

M. Duperré-Delisle perdit dans la tourmente beaucoup plus que d'autres, sa position tout entière, et une position qu'il ne devait qu'à ses mérites personnels; mais, en homme courageux, il prit bien vite son parti de ces revers et ne songea plus qu'à vivre oublié au sein de sa famille. Le séjour de Caen devenant dangereux pour lui, il se retira à Neuilly-le-Malherbe, dans une modeste maison où il attendit avec patience le retour de temps meilleurs.

C'est là que se passa l'enfance de M. Georges Delisle, et sans doute le spectacle de tant de prospérités abattues et de splendeurs évanouies jeta dans son âme le germe des qualités qui devaient plus tard s'y développer avec tant d'éclat. Le renversement des grandeurs artificielles lui apprit que l'homme ne doit compter que sur lui-même, point sur un état de choses toujours incertain ; le bouleversement social dont il était témoin , ce chaos de vices et de vertus, de crimes atroces et de dévouements sublimes, lui fit voir que c'est par la vertu seule que l'homme est assuré de s'élever au-dessus des orages qui tourmentent sa patrie, et de les regarder, sinon avec indifférence, du moins avec calme et résignation. En effet, ce n'est pas aux événements extérieurs que l'homme vertueux demande la paix et la tranquillité, c'est dans son propre cœur qu'il les trouve et dans le témoignage de sa conscience. C'est ainsi que l'adversité, qui n'est une école dangereuse que pour les âmes faibles, trempe plus fortement les âmes bien nées, et leur révèle pour ainsi dire la conscience de leur valeur.

Pendant que le cœur de M. Delisle se formait à ces enseignements, dont la vie de son père lui offrait la réalisation, son esprit se cultivait également, grâce aux soins paternels; les écoles étaient fermées, mais les connaissances et le dévouement de M. Duperré-Delisle remplacèrent pour son fils les leçons des professeurs et lui donnèrent les bases d'une solide instruction.

Peu à peu cependant le calme se rétablissait, et la France, triomphante au dehors, se reconstituait au dedans sous l'ère féconde du Consulat : il fallait que le jeune Delisle, devenu adolescent, fît choix d'une carrière. Parmi celles qui s'ouvraient à son intelligence, une d'elles surtout l'attirait et le séduisait : c'était la carrière des sciences, et l'école polytechnique qui en ouvrait le chemin. Récemment fondée sous le patronage de Monge et de Fourcroy, elle comptait parmi ses professeurs les plus beaux noms de la France scientifique, Berthollet, Laplace, Chaptal, Mérimée, Lagrange, et déjà l'on pressentait la puissante impulsion qu'elle devait imprimer aux sciences. M. Georges Delisle, déjà versé dans l'étude des sciences, spécialement des mathématiques et de la chimie, eût vivement désiré y consacrer sa vie ; mais les traditions et les vœux de sa famille lui indiquaient une autre carrière, celle du droit, et il l'embrassa avec autant d'ardeur que si ses propres goûts la lui eussent désignée ; les succès qu'il devait y obtenir l'ont justement récompensé de ce sacrifice par lequel il débuta dans la vie.

Il fit donc son droit, mais non comme nous le faisons aujourd'hui, avec l'aide de cours aussi clairs que savants, dans lesquels d'habiles professeurs aplanissent pour nous les difficultés de la science : à cette époque, l'enseignement du droit n'était pas organisé, et, là encore, la science du père fut le seul guide du fils. Heureusement la puissante intelligence de celui-ci devait suppléer à ce qu'a toujours d'imparfait l'enseignement d'un seul, quel que soit le talent du professeur.

L'état de la législation à cette époque venait encore augmenter la difficulté de ces études. Aujourd'hui, un petit volume de quelques centaines de pages renferme tout notre bagage législatif ; ses règles simples, homogènes, longuement élaborées par les Tronchet, les Berlier, les Portalis, présentent un ensemble aussi logique et aussi harmonieux dans ses déductions qu'utile et fécond dans ses applications ; une longue série d'hommes éminents ont, dans des ouvrages à jamais fameux, commenté ce petit livre, éclairci ses obscurités ou comblé ses lacunes, défauts inséparables de toute œuvre humaine ; enfin, appliquant ces lois aux mille difficultés de la vie réelle, la jurisprudence est venue, dans une œuvre qui est une, malgré la pluralité des agents qui y ont concouru, mettre pour ainsi dire le couronnement à l'œuvre des législateurs de 1804.

Mais, à cette époque, rien de tout cela n'existait : au lieu du monument harmonieux de nos lois actuelles, on ne voyait qu'un monceau de décombres, quelques ruines encore debout, et çà et là des pierres d'attente que la législation intermédiaire avait jetées un peu au hasard, et quelquefois sous l'influence des passions du moment : à l'aide de quelles lumières se reconnaître dans cet amas confus ? Les anciens ouvrages de doctrine étaient devenus en grande partie inutiles, par suite de la suppression des lois qu'ils commentaient ; la jurisprudence intermédiaire naissait au milieu de ce chaos, hésitante, sans unité, et embarrassée dans l'application de textes nombreux et quelquefois contradictoires.

C'est ici, Messieurs, qu'il nous faut admirer dans M. Delisle ce que peut l'intelligence, quand elle s'unit à un travail persévérant : ce jeune homme comprit que les lois, quelques transformations qu'elles subissent, reposent sur des principes constants et identiques, que les révolutions elles-mêmes sont impuissantes à anéantir. Il alla demander ces principes aux jurisconsultes romains, et aux ouvrages immortels des Domat, des Pothier, des Dumoulin ; puis il en étudia les applications dans les coutumes et la jurisprudence anciennes, et alors, comparant le passé au présent, il put envisager la législation intermédiaire, et dominer par la pensée ses dispositions multiples et quelquefois incohérentes.

Bientôt il ajouta à ces études déjà si fortes un élément nouveau: sous l'impulsion du premier consul, nos Codes s'élaboraient, et les brillants débats au milieu desquels ils naissaient présageaient quelle devait être leur perfection. M. Delisle suivit pas à pas ces discussions, si fécondes en enseignements, pour lui surtout : il ne se bornait pas, en effet, à y chercher les motifs de la loi nouvelle et son meilleur commentaire ; mais, se plaçant à un point de vue plus élevé, il étudiait la raison d'être de la loi et la comparait aux traditions du passé. Interrogeant tour à tour les lois romaines et notre vieux droit français, il cherchait à y découvrir la source véritable de la disposition actuelle, ou du moins son explication. C'est ainsi que, par ce travail gigantesque, il s'appropriait à mesure de leur naissance les lois nouvelles et se préparait à en être un jour un interprète autorisé. Il semblait que déjà il eût pris pour devise ces mots de Justinien : « *Nihil studii relinquens, quod sibi possibile est* (1). »

Ces travaux intelligents et assidus ne devaient pas tarder à lui acquérir une véritable supériorité : aussi, à peine entré au barreau, son nom y faisait déjà autorité.

Un premier et éclatant hommage fut bientôt rendu à sa science : le 12 novembre 1805, au lendemain de la bataille d'Austerlitz, un décret daté de Brünn, en Moravie, le nomma professeur suppléant à la Faculté de droit de Caen, que l'on venait d'organiser. Ce titre ne fit que lui inspirer une nouvelle ardeur au travail, et donner une impulsion

____

(1) L. 14, s. 1, c., *de Judiciis.*

plus forte à ses études théoriques : en même temps qu'elles formaient le professeur, ces études préparaient et rendaient plus durables les succès de l'avocat. En effet, nourri de l'étude des coutumes et de la jurisprudence anciennes, alors souvent invoquées, pénétré de l'esprit des lois nouvelles, il était, dans chaque affaire, plus apte que tout autre à découvrir les moyens de droit qui pouvaient en assurer le triomphe.

Aussi sa réputation augmentait-elle chaque jour, et son cabinet se remplissait de plaideurs, venus de tous côtés pour solliciter de lui une consultation, un mémoire ou un plaidoyer : mais, à mesure que sa clientèle se multipliait, son ardeur pour le travail semblait se multiplier aussi, et, dès qu'il avait un instant de loisir, il l'employait à étudier les anciens et les nouveaux ouvrages de droit, et l'inépuisable mine de la jurisprudence. Doué d'une prodigieuse mémoire, il ne confiait cependant pas à elle seule le résultat de ces travaux de tous les jours : lorsqu'il avait étudié un ouvrage ou un arrêt, il en faisait des extraits, et ces notes, qui bientôt formaient des volumes, lui servaient d'encyclopédie de droit, encyclopédie d'autant plus précieuse qu'elle était son œuvre. Sa vie n'était ainsi qu'un perpétuel travail, et il réalisait le portrait que La Bruyère a tracé de l'avocat :

« Il se délasse de longs discours par de plus longs écrits ; il ne fait que changer de travaux et de fatigues. J'ose dire qu'il est dans son genre ce qu'étaient dans le leur les premiers hommes apostoliques (1). »

Une nouvelle marque de l'estime croissante dont il jouissait devait bientôt lui être donnée. Le nombre des membres de l'ordre de la Légion d'honneur, créé depuis

(1) La Bruyère, *Caractères*, ch. xv, *de la Chaire*.

1802, était limité, et depuis longtemps les limites en étaient dépassées. Napoléon, désireux de ne laisser aucun service rendu à l'État sans récompense, institua, en 1811, un nouvel ordre, l'ordre de la Réunion, destiné à récompenser les services rendus dans les fonctions judiciaires, administratives et militaires. L'un des premiers chevaliers de cet ordre, qui en compta très-peu, fut M. Delisle.

En 1820, une chaire de Code Napoléon se trouvant vacante à la Faculté de Caen, M. Delisle concourut et l'obtint, après de brillantes épreuves : mais, comme depuis 1814 il remplissait avec succès, à titre de suppléant, la chaire de Droit romain, la Faculté demanda qu'on lui conservât cette chaire, qu'il a occupée jusqu'à la fin de sa vie.

Jusqu'en 1819 il n'avait plaidé qu'au Tribunal civil, et il avait fini par figurer dans presque toutes les affaires : à cette époque il passa à la Cour, où une nombreuse clientèle le suivit et où sa réputation l'avait précédé. C'est qu'en effet, il avait au plus haut degré les qualités distinctives de sa profession : amour du travail, sûreté de vues, rapidité de conception ; et, par dessus tout, une délicatesse de conscience qui ennoblissait toute sa vie. Jamais, pendant ses cinquante années d'exercice, il ne se fit l'interprète d'une cause de la parfaite loyauté de laquelle il aurait douté.

Fidèle à sa devise constante, que l'honnête doit être le but de la vie, il essayait d'abord d'arranger le litige que l'une des parties venait lui soumettre. L'autorité de son nom et le tact qu'il apportait dans cette délicate mission l'y faisaient souvent réussir, et jamais triomphe ne lui fut plus agréable que celui-là : c'est ainsi qu'il méritait le bel éloge que l'orateur romain adresse à Servus Sulpicius : « *Neque constituere litium actiones malebat, quam controversias tollere* (1). »

(1) Cicéron, *Philipp. IX*, chap. V.

Si tout arrangement était impossible, alors il étudiait la cause qu'on lui avait confiée. D'un coup d'œil il en apercevait les moyens, et souvent même son esprit inventif lui faisait voir l'affaire sous un jour tout nouveau, que nul n'avait entrevu. Il y avait peu de causes honnêtes, si difficiles qu'elles parussent à soutenir, à l'appui desquelles il ne trouvât de sérieux moyens et de puissants arguments. Aussi, lorsqu'il y avait quelque part une affaire difficile, on s'empressait de recourir à lui et d'emprunter l'appui de ses lumières et de sa profonde érudition.

L'étude des consultations qu'il a données et des mémoires qu'il a faits sur les points les plus variés et les plus difficiles de la science du droit, pourrait seule vous offrir une idée de son talent et justifier l'immense autorité que son nom avait acquise.

Son désintéressement contribuait encore à augmenter sa popularité ; convaincu de cette noble idée que la profession de l'avocat est, pour ainsi dire, un sacerdoce, et que comme le prêtre, l'avocat se doit d'abord à ceux qui ont le plus besoin de lui, aux pauvres, il ne négligeait rien pour défendre leurs intérêts, sans autre récompense que la satisfaction du devoir accompli. Aussi était-il vraiment, comme on l'a dit, la gloire et l'oracle de la province, et sa maison ressemblait à celle du jurisconsulte dont parle Cicéron « *est sine dubio domus jurisconsulti totius oraculum civitatis* (1). »

Dans ses relations avec ses confrères, son caractère doux et serviable avait bien vite su les attacher à lui : ses études approfondies sur toutes les branches de la législation, ses travaux sur le Droit ancien, alors si souvent invoqué, en faisaient pour eux un précieux conseil. La bienveillance

(1) Cicéron.

avec laquelle il leur prodiguait ses connaissances, ajoutait un attrait de plus au désir de l'aller consulter; et n'eût-on pas, par exception, obtenu de lui le renseignement même qu'on lui demandait, on était sûr de rapporter de ses entretiens un aperçu nouveau ou des notions plus complètes sur quelque point.

Élu plusieurs fois bâtonnier de l'Ordre des Avocats, il apporta, dans ces éminentes fonctions, ces qualités du cœur qui, par l'attrait qu'elles inspirent, exercent sur tous une si heureuse influence. Doux et conciliant, il savait apaiser les querelles de ses confrères, ou même les empêcher de naître. Dans ces luttes quotidiennes de la parole, où l'avocat s'identifiant à sa cause, ne peut rester toujours indifférent, il arrive parfois que des dissensions s'élèvent : par l'autorité de son exemple et l'habileté de ses conseils paternels, M. Delisle savait réconcilier ces ennemis d'un jour et leur faire oublier les paroles trop vives qu'ils auraient pu échanger.—« En présence de tant de bienveillance, a dit la voix autorisée de M. Thomine, qui aurait eu le courage de se livrer, je ne dirai pas à quelques mouvements de vivacité passagère, que le caractère de nos luttes explique et doit faire excuser, mais à des pensées d'amertume ou de ressentiment indignes de nous (1). »

Comme professeur, la réputation de M. Georges Delisle n'était pas moins grande, ni ses mérites moins éminents.

L'idée philosophique qui présidait à son enseignement était celle-ci : tout législateur, tout interprète des lois doit avoir pour constante préoccupation de se conformer à l'honnête et à l'utile.

L'*honnête*... Au fond du cœur humain sont gravées des lois éternelles, impérissables, que Dieu y a déposées pour

____

(1) Procès-verbal de l'inauguration du buste de M. Delisle, p. 20.

servir de guide à l'homme et le conduire à son perfection-
nement : l'ensemble de ces lois constitue la *Morale*, qui est
le code primordial et universel, la loi de tous. Chargé d'organiser les sociétés, le législateur doit avant tout s'inspirer
de la morale, et ce n'est pas impunément qu'il transgres-
serait les préceptes.

Mais le droit n'est pas une science spéculative, c'est avant
tout un *art*, c'est-à-dire un ensemble de règles destinées à
l'homme, être imparfait et passionné ; il faut donc que ces
règles, que ces lois s'harmonisent dans une certaine limite
avec cette nature de leurs sujets et ne manquent pas leur but
en allant se perdre dans les abstractions d'une morale trop
austère : voilà pourquoi elles doivent être non-seulement
honnêtes, mais encore *utiles*, c'est-à-dire praticables.

Pour atteindre la mesure sans la dépasser, que le législateur interroge les enseignements de la vie réelle, et qu'ensuite, sans faiblesse comme sans exagération, il trace une
règle conforme aux lois de la morale, mais que la généra-
lité des hommes soit capable d'observer. Puis, la règle une
fois tracée, qu'il étudie les applications auxquelles elle
donnera lieu, et qu'il retire de cette étude le projet d'amé-
liorations nouvelles, basées sur les progrès de la moralité.

L'honnête et l'utile, c'est ce que le législateur a dû se
proposer, c'est ce que l'interprète doit chercher dans les
lois : tel est le résumé de l'enseignement philosophique de
M. Delisle.

Professeur de droit romain, il aimait beaucoup cette législation qui devait séduire un esprit aussi logique et aussi
judicieux que le sien : il se plaisait à répéter ces mots de
d'Aguesseau : « On dirait que la justice n'ait dévoilé pleinement ses mystères qu'aux jurisconsultes romains. Législateurs encore plus que jurisconsultes, de simples parti-
culiers, dans l'obscurité d'une vie privée, ont mérité, par

la supériorité de leurs lumières, de donner des lois à toute
la postérité. Lois aussi étendues que durables, toutes les
nations les interrogent encore à présent, et chacune en
reçoit des réponses d'une éternelle vérité (1). »

Toutefois, forcé de restreindre dans une année l'enseignement de cette science, il ne pouvait lui donner les
développements qu'elle reçoit aujourd'hui, et qui, recon-
stituant dans son entier cette admirable législation, sont le
guide le plus sûr dans l'étude des lois de tous les peuples.
De plus, praticien avant tout, M. Delisle aimait à ce que
son cours, tout en initiant les élèves à la science des jurisconsultes romains, leur apprît en même temps les points
de contact de nos lois modernes. De là des rapprochements
fréquents et ingénieux, des parallèles intéressants, qui donnaient à ce cours un caractère tout spécial de puissante
originalité et d'utilité pratique.

La vie de M. Delisle se passait ainsi dans cette double
occupation d'avocat et de professeur, dont une seule eût
suffi pour remplir la vie d'un homme : cependant M. Delisle trouvait encore le temps d'y ajouter des études litté-
raires et l'étude des mathématiques, qu'il cultiva jusqu'à la
fin de sa vie. Sa seule distraction, c'était la joie qu'il goû-
tait à se trouver au milieu d'une famille tendrement aimée
et digne de l'être, ou à fréquenter quelques amis d'élite.
C'est là qu'il déployait tous les charmes d'un esprit fin et
cultivé, toutes les qualités d'un cœur aimant et dévoué,
dont le seul but et la pensée constante étaient de faire le
bien de ceux qui l'entouraient.

Le secret de cette admirable vie nous a été donné, dans
un très-beau langage, par l'éminent recteur de cette Faculté :
« chrétien éclairé, catholique simple et fidèle, M. Delisle

_____

(1) D'AGUESSEAU, 13e *Mercuriale.*

puisait à la source de la religion ce qu'il y avait en lui d'aimable et de bienveillant pour tous. Le sentiment intime du devoir accompli, la certitude secrète de pouvoir, à toute heure, présenter une âme honnête à l'œil du souverain juge, lui donnaient la sérénité aussi bien que la force. La paix de la conscience fait monter le sourire aux lèvres de l'homme de bien (1). »

C'est le 5 juin 1853 que se termina cette noble existence et que mourut M. Georges Delisle, avocat, ancien bâtonnier de l'ordre, professeur de droit romain et doyen de la Faculté de Droit, ancien adjoint au maire de Caen, chevalier des ordres de la Légion d'Honneur et de la Réunion. Il avait alors soixante-douze ans et avait été avocat pendant cinquante ans, professeur pendant quarante-huit ans et doyen pendant vingt-trois ans.

Son œuvre est surtout dans sa vie, dans la science qu'il avait acquise pendant ces longues années de travail, et qu'il a tant et si souvent déployée dans ses plaidoiries, ses consultations et ses mémoires : les recueils d'arrêts sont remplis de consultations données par lui sur les matières les plus importantes du droit, depuis 1840 surtout, époque à laquelle la fatigue le força à renoncer à la plaidoirie, et ces consultations témoignent toutes de la puissance de raisonnement et de la vaste érudition de M. Delisle. Ce ne sont là cependant que des témoignages bien imparfaits de son talent : M. Delisle écrivait beaucoup, mais pour lui, et sa modestie l'empêchait de publier le fruit de ses travaux. Il se contentait de les résumer dans des notes qui embrassent toutes les parties du droit, et qui prouvent, avec l'universalité de ses connaissances, la profondeur et l'ensemble méthodique de ses vues : précieux héritage qui ne peut,

(1) M. THÉRY, Discours prononcé sur la tombe de M. Delisle.

du reste, être mieux placé que dans les mains qui ont été appelées à le recueillir.

Cependant, arrivé à un terme déjà avancé de sa carrière, M. Delisle, jetant un regard sur le chemin qu'il avait parcouru, comprit qu'il devait au moins résumer dans un corps d'ouvrage les règles qui, pendant tant d'années, lui avaient servi de guide, à l'école et au palais, pour l'interprétation des lois : ce que ses recherches savantes lui ont fait connaître, ce que son expérience ou sa raison lui ont révélé sur cet important sujet, il va le réunir dans un corps d'ouvrage destiné à faciliter les études et à guider la marche de ceux qui veulent connaître la science du droit.

C'est à cette idée que nous devons l'œuvre la plus importante que M. Delisle ait laissée, le *Traité de l'Interprétation juridique* (1).

L'interprétation juridique ! c'est toute la science du droit, et la constante préoccupation de ceux qui l'étudient ; le professeur dans sa chaire, l'avocat à la barre, le magistrat sur son siége, le jurisconsulte dans ses écrits, ne font qu'interpréter la loi. Dès lors, de quelle importance ne doit pas être un traité d'interprétation, c'est-à-dire un ensemble de règles destinées à guider l'avocat, le magistrat, le professeur et le jurisconsulte ? Un pareil ouvrage ne peut émaner que d'un homme versé à la fois dans les études théoriques et dans la connaissance des affaires, et à ce double titre nul plus que M. Delisle n'était compétent pour le publier.

---

(1) *Traité de l'Interprétation juridique, en d'autres termes, des Questions auxquelles donne naissance l'application des lois,* par M. Delisle, doyen de l'École de Droit à Caen. 2 vol. in-8°. Paris, Cosse, 1847. — Deuxième tirage, sous le même titre, 1849. — Troisième tirage, 1851, sous le titre suivant : *Examen critique de la Jurisprudence moderne.*

Dans une introduction de quelques pages, qui est un chef-d'œuvre de raison et de profondeur doctrinale, l'auteur trace d'une main hardie les bases de la science du droit, et les phases diverses qu'elle est appelée à traverser.

D'abord, il nous montre les sociétés agitées par le développement des passions et des intérêts de l'homme, qui se choquent et s'entreheurtent dans leur progression simultanée : c'est le désordre, presque l'anarchie. Alors le législateur intervient, et, dans l'intérêt de tous, trace la ligne au delà de laquelle nul ne pourra s'avancer. Mais la règle une fois établie, l'homme de mauvaise foi essaie de la transgresser, et pour cela d'en obscurcir le sens : alors il faut que l'interprète vienne éclaircir les obscurités réelles de la loi, et rectifier les erreurs que les passions ou l'ignorance font naître dans son application.

La nécessité de l'interprétation une fois établie, M. Delisle indique les règles à l'aide desquelles elle fonctionne. Lorsqu'on est en présence d'un texte, au moyen de quels secours va-t-on chercher à en découvrir le sens ? D'abord, à l'aide de la raison, et vous savez déjà, Messieurs, ce que pour lui la raison doit chercher dans un texte : L'*honnête* et l'*utile*. — « Il faut, dit-il, un texte bien positif pour que les jurisconsultes y trouvent la consécration de l'inique et de l'absurde (1). »

Mais la raison toute seule serait insuffisante : aucune science ne se forme d'un seul jet, et ce n'est que par l'étude attentive des phases qu'elle a successivement traversées qu'on peut la faire progresser. Donc, pour interpréter un texte, il faut appeler au secours de la raison l'étude des précédents.

(1) *Traité de l'Interprétation juridique*, préface, p. XVI.

Après avoir indiqué cette double source de l'interprétation, il examine les règles qui doivent la guider ; quant au but qu'il se propose en publiant l'ouvrage où il va les développer, il nous l'indique lui-même : c'est de faciliter le progrès des études juridiques, et il nous dit, en des termes que je dois vous citer, car ils forment pour ainsi dire la devise de l'ouvrage, ce qu'est pour lui le progrès :

« Par progrès je n'entends point le système qui conduit à interpréter les lois dans le sens plus ou moins probable de la volonté de leur auteur. Le progrès consiste, suivant moi, à donner à la loi le sens qui, eu égard à l'état actuel des mœurs et des besoins du pays, tend à rendre les citoyens meilleurs ou plus heureux. »

Ces principes établis, l'auteur commence son œuvre, et examine la théorie de l'interprétation. Cette étude peut se diviser en deux parties.

Avant d'interpréter une loi, il faut savoir laquelle de plusieurs lois est applicable, et ceci est déjà de l'interprétation : en conséquence, M. Delisle examine d'abord quand et comment les lois deviennent obligatoires, leur mode d'abrogation, leur étendue territoriale, leur non-rétroactivité, et les questions qui naissent du conflit des lois françaises et étrangères. — C'est la première partie.

Lorsqu'on sait quelle loi est applicable, comment l'interpréter ? Deux sortes d'interprétation sont en présence, l'interprétation *littérale* et l'interprétation *rationnelle :* après avoir constaté la prééminence de la première, l'auteur expose successivement les règles qui doivent présider à chacune d'elles, et dans l'étude desquelles les bornes de ce discours ne me permettent malheureusement pas de le suivre. — C'est la seconde partie.

Tel est le cadre de ce traité ; mais au lieu de n'être, comme le plan semblerait l'indiquer, qu'un exposé théorique des principes de l'interprétation, c'est au contraire un ouvrage essentiellement pratique par le nombre et l'infinie variété des questions qu'il résout.

En effet, pour étudier la portée et l'étendue de chacun des principes qu'il expose, l'auteur le met en contact avec d'innombrables espèces empruntées à la jurisprudence ; puis, approuvant ou combattant les arrêts qu'il cite, il apporte à l'appui de son opinion le secours de son immense érudition, et invoque tour à tour, avec un égal à propos, l'autorité des lois romaines, de nos vieux jurisconsultes ou des interprètes modernes. Ses exemples sont empruntés à toutes les parties du droit, qui lui semblent également familières : droit international, droit administratif, droit pénal, droit civil, droit commercial. Mais, modeste même en ses écrits, M. Delisle semble prendre à tâche de s'effacer devant les autorités qu'il invoque : c'est là un vif regret pour le lecteur ; car, lorsque l'auteur y parle de lui-même, les principes exacts et profonds qu'il formule, les aperçus justes toujours et souvent ingénieux qu'il découvre font à chaque pas regretter le caractère trop impersonnel de cet ouvrage.

Son véritable titre devrait être, selon moi, celui sous lequel le troisième tirage a été publié : « *Examen critique de la Jurisprudence moderne.* » C'est le seul titre qui convienne à cet ouvrage vraiment encyclopédique ; sans doute, il est bien un traité d'interprétation, mais il est autre chose aussi, un recueil de questions de droit, aussi habilement choisies que bien discutées, à l'aide des arguments souvent les moins connus et les plus décisifs.

En résumé, cet ouvrage, s'il fut émané d'un jurisconsulte obscur, eût suffi pour lui marquer une place élevée parmi les bons interprètes de nos lois ; émané de M. Delisle, il est à la hauteur de la réputation de science et d'érudition qu'il a laissée, et c'est le plus bel éloge qu'on en puisse faire.

M. Delisle nous a encore laissé un autre témoignage de sa valeur et de sa science : c'est un remarquable essai sur la législation normande, publié sous la rubrique *Normandie* dans le *Répertoire* de MM. Dalloz. C'est une esquisse concise sur quelques points, développée sur d'autres, mais toujours intéressante et utile : on sent, en la lisant, qu'elle est tracée par une main à laquelle tous les détails de l'organisation législative de la Normandie étaient familiers.

Cette étude comprend deux chapitres. Dans le premier, intitulé *Droit public*, l'auteur examine rapidement les principes constitutionnels de la Normandie, sa charte, ses états, son échiquier, son parlement, sa chambre des comptes et des finances, les règles du service militaire, l'organisation des diverses juridictions. Tout cela n'est qu'esquissé, et M. Delisle en donne le motif ; c'est que « très-rarement les règles spéciales à la Normandie pourraient être invoquées avec utilité, même par voie d'analogie. » — Toutefois, même dans cette esquisse, tous les grands traits sont indiqués, et les sources nombreuses auxquelles renvoie l'auteur permettent de compléter les précieux renseignements qu'il fournit.

Le deuxième chapitre, intitulé *Droit privé*, est de beaucoup le plus important, et le premier n'en est guère que le préambule. Il renferme une étude complète de la législation normande, d'après la coutume et les arrêts de règlement : mais là encore M. Delisle, peu désireux de faire parade d'un savoir inutile, n'examine que les points de la législation normande qui sont en désaccord soit avec l'ensemble du droit coutumier, soit et surtout avec la législation actuelle. Tous ces points sont passés en revue par une main savante, à laquelle le Code Napoléon et le droit normand sont également familiers : parmi les nombreuses matières qui y sont étudiées, je citerai notamment le droit successoral et le régime matrimonial des Normands, points qui y sont l'objet de développements considérables, nécessités par leur importance pratique.

Cette étude présente un double intérêt, pour l'historien d'abord, auquel elle révèle l'esprit du peuple normand en lui faisant connaître les caractères essentiels de sa législation, puis pour le jurisconsulte, qui y trouve les renseignements nécessaires aux exigences journalières de la pratique.

Aussi est-il à regretter que chaque province n'ait pas eu, comme la Normandie dans M. Delisle, l'historien de sa législation dans les points qui la séparaient de nos lois actuelles : indépendamment du double intérêt, historique et pratique, que je viens de signaler, est-ce que les législateurs futurs ne pourraient pas trouver dans ces études un enseignement? Quelque bonnes que soient nos lois actuelles, n'y a-t-il pas des points, importants quelquefois, sur lesquels la coutume de quelque province était plus sage et mieux inspirée? Et si ces points avaient été mis en relief, comme dans l'œuvre de M. Delisle, sans qu'on eût besoin, pour la connaître, de fouiller le poudreux amas des coutumes ou de leurs volumineux commentateurs, n'y aurait-il pas là un sérieux avantage?

Tel est, dans son ensemble, le tableau de la vie de M. Delisle et de ses travaux, vie également digne de nos hommages et de notre admiration à quelque point de vue qu'on l'envisage, et qu'on apprécie dans M. Delisle l'homme privé, l'avocat, le professeur ou le jurisconsulte. De pareils hommes sont rares, mais, quand ils disparaissent, ils laissent après eux un long souvenir de leurs labeurs et de leurs vertus, et les générations qui leur succèdent y trouvent un dictame salutaire, qui leur servira de remède dans les défaillances et les découragements!

Sur sa tombe tous voulurent apporter un témoignage de haute estime ou d'affection : il lui était, en outre, réservé d'en recevoir un bien doux, et que je veux vous dire.

Le 13 et le 14 juin 1853, le conseil de discipline de l'ordre des avocats et la Faculté de droit de Caen prenaient une délibération, aux termes de laquelle une souscription allait être ouverte pour faire fondre deux bustes en bronze de M. Delisle : l'un serait placé dans la salle des avocats, l'autre dans la grande salle de l'école de droit. Cette souscription, que professeurs et avocats eussent voulu remplir seuls, était au contraire limitée à un maximum très-modique ; car, comme le disait très-bien M. Thomine, « la valeur d'un pareil hommage est dans son universalité. »

La conception de ce projet était déjà un grand hommage rendu à la mémoire du regretté doyen ; l'événement en fit un véritable triomphe. Plus de 500 souscripteurs, de toutes les classes de la société, répondirent à l'appel du barreau et de l'école, et voulurent apporter leur tribut de regrets et d'admiration à la mémoire de l'homme dont ils étaient les obligés à un titre ou à l'autre, et dont ils déploraient la perte.

C'est là, Messieurs, un fait remarquable, et qui atteste, mieux que tous les éloges, l'estime qu'avait su inspirer M. Delisle et les bienfaits qu'il avait prodigués dans le cours de sa longue carrière : il prouve en même temps que, comme le disait naguère un éminent bâtonnier de l'ordre des avocats de Paris, « dans la profession d'avocat, la considération et l'estime publique sont l'infaillible récompense du travail et de la probité (1). »

Précieux témoignage qui ressort de la vie de M. Delisle

(1) M. DELANGLE, Discours d'ouverture des Conférences, 24 novembre 1836.

et de l'hommage extraordinaire qui lui a été rendu : pour lui, et il le méritait entre tous, se sont réalisées ces belles paroles où d'Aguesseau peint la récompense qui attend l'avocat homme de bien :

« Les personnes les plus inconnues deviennent les instruments de votre grandeur ; et, pendant que l'amour de votre devoir est votre unique ambition, leurs voix et leurs applaudissements forment cette haute réputation, que les places les plus éminentes ne donnent pas (1). »

En présence de cette noble vie, dont chaque page est un enseignement, je suis très-heureux, Messieurs, de l'hommage que j'ai pu lui rendre, car si par lui-même il est de peu de valeur, il emprunte à l'assemblée devant laquelle il est prononcé, le lustre que ma parole serait impuissante à lui donner.

J'aurais terminé, Messieurs, s'il ne me restait un devoir à remplir, mais il est bien doux, car c'est celui de la reconnaissance. Élu par vous une première fois au mois de juillet dernier, je crus devoir, à la suite d'un incident que la conférence connaît, donner ma démission : vous m'avez réélu il y a quelques semaines. C'est une double dette de gratitude que je contracte envers vous, mes chers Confrères, dette d'autant plus lourde que je sens mieux qu'il vous eût été facile de choisir une voix plus autorisée : mais votre suffrage réitéré m'a prouvé qu'au moins la mienne vous était sympathique, et je suis plus fier de cette sympathie que je ne le serais d'un talent supérieur.

Des applaudissements unanimes et prolongés ont prouvé à M. Guillouard que son discours avait excité

---

(1) D'Aguesseau, 13ᵉ *Mercuriale.*

au plus haut point l'intérêt de son auditoire et pleinement réalisé les espérances affirmées par la Conférence dans une double élection.

M. le Bâtonnier a ensuite remercié, au nom des Avocats stagiaires, MM. les Avocats membres du Conseil de discipline d'avoir bien voulu honorer de leur présence la séance de rentrée de leurs jeunes Confrères.

MM. les Avocats membres du Conseil de discipline se sont alors retirés.

La Conférence est restée en séance sous la présidence de M. le Bâtonnier, et, après avoir procédé à l'élection de son Vice-Président et de son Secrétaire, elle a, sur la proposition de M. Levé, voté à l'unanimité l'impression du présent procès-verbal.

Le Secrétaire de la Conférence,

OCTAVE ROQUIÈRE.

Vu et approuvé :

*Le Bâtonnier de l'Ordre des Avocats
près la Cour impériale de Caen,*

BAYEUX.

*Liste des Membres de la Conférence des Avocats stagiaires
durant l'année judiciaire 1867-1868.*

MM. Lozier.
Dubos.
De Selles de Beauchamp.
Laumosnier.
Groult.
Mézaise.
Dubois.
Racine.
Henry.
Mériel.
Perrier.
Aumont.
Pellerin.
De Lafaverie.
Landais (Charles).
Grossin de Bonville.
Legrix.
Hauttement.
Rabec.
Harduin.
Le François.
Delamarre.
Beaujour.
Levé.
Malassis de La Cussonnière.
Le Rouvillois.
Deslaviers.
Roquière.
Tessier.
Gaugain.
Godefroy.
Landais (Georges).
Hommey Lafortinière.
Blondel.
Guillouard.
Banaston.
Bénard.
Leprince.
Morlet.
Lévillain.
Fleuriot.
Lecœur.
Levard.
Debaize.
Chauvel.
Magron.

Caen, typ. Goussiaume de Laporte.